MCKINSEY 7S KADER

Bedrijfsprestaties verhogen, zich voorbereiden op verandering en effectieve strategieën implementeren

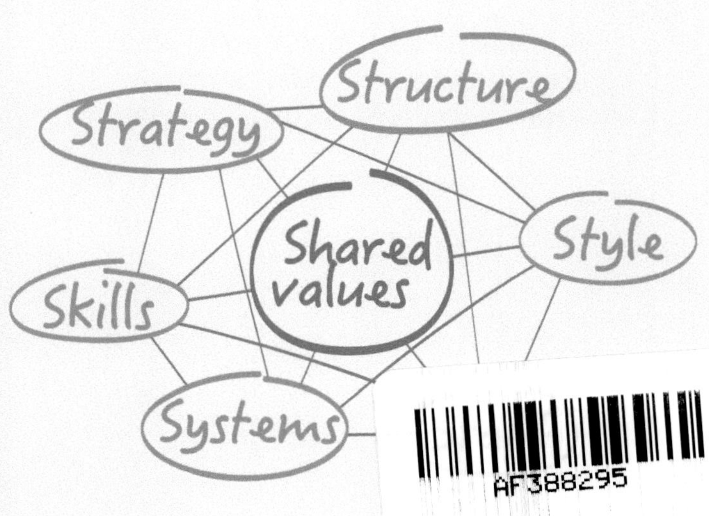

50MINUTES.com

MCKINSEY 7S KADER

Bedrijfsprestaties verhogen, zich voorbereiden op verandering en effectieve strategieën implementeren

geschreven door Anastasia Samygin-Cherkaoui
vertaald door Nikki Claes

MCKINSEY 7S KADER

BELANGRIJKE INFORMATIE

- **Namen:** 7S, 7-S Framework, het McKinsey 7S Framework.

- **Toepassingen:** beheer van middelgrote en grote organisaties, aanpassing aan veranderingen.

- **Waarom is het succesvol?** Het is gemakkelijk visueel weer te geven en zeer toepasbaar.

- **Trefwoorden:** organisatie, model, management, verandering.

INLEIDING

Geschiedenis

Het McKinsey 7S-raamwerk dateert uit de jaren 1980, en werd voor het eerst geïntroduceerd in een artikel van Robert Waterman, Thomas Peters en Julien Philips, *Structure is not Organization* (1980). Het verscheen in een tijd waarin de strategie en de organisatie van een bedrijf centraal stonden. In feite gaat het erom de hele organisatie van een bedrijf opnieuw te bekijken, en niet alleen de gebruikte werkwijzen te herschikken.

Tegenwoordig zijn deze grafieken en diagrammen – flowcharts, proces, enz. – wijdverbreid in de economische omgeving, maar destijds was het een geniale zet om twee redenen:

- Ten eerste was de voorstelling van het model in de vorm van een atoom verrassend origineel;

- ten tweede creëert de herhaling van dezelfde beginletter "S" voor elk van de elementen een alliteratie-effect.

Beide kenmerken maken het gemakkelijker om het concept te onthouden en de structuur van de zeven elementen te visualiseren. Uiteindelijk dragen ze bij aan de bekendheid en levensduur ervan.

Definitie van het begrip

Het McKinsey 7S-kader, ontwikkeld door het adviesbureau McKinsey, is een hulpmiddel voor organisatorische diagnose, schematisch weergegeven in de vorm van een atoom. De naam van het concept benadrukt, met behulp van een eenvoudig geheugensteuntje, zowel het aantal kaderelementen als de bestanddelen ervan, die alle beginnen met de letter "s".

GOED OM TE WETEN.

McKinsey, opgericht in 1926, is een strategisch adviesbureau dat op hoog niveau wordt gepresenteerd omdat het vooral bedoeld is voor internationaal actieve ondernemingen, aan het hoofd waarvan men niet zelden voormalige McKinsey-medewerkers aantreft.

THEORIE

Een belangrijk deel van het succes van het McKinsey 7S Framework ligt in de voorstelling van het model in de vorm van een atoom: dit beeld is dynamisch en toont de eenvoudige en bijna voor de hand liggende onderlinge samenhang tussen de elementen waaruit het is opgebouwd. Zonder deze te verwerpen, neemt het op dramatische wijze afstand van diagrammen in de vorm van een ketting, die de verdeling van taken en op snelheid gebaseerde productiviteitswinsten tonen, en van traditionele piramidestroomdiagrammen, ook al bevatten deze nu steeds meer informatiestromen.

Sinds de jaren dertig hebben studies het belang van menselijke relaties benadrukt. Zij leiden tot de onvermijdelijke conclusie dat het een vergissing is te geloven in louter professionele banden. Tussen werknemers of groepen werknemers ontstaan namelijk relaties en belangen die het theoretische kader van de organisatiestructuur overstijgen. Deze relaties kunnen zeker vriendschappelijk zijn, maar vaak ook invloedrijk. Met andere woorden, zij hangen af van het vermogen van een persoon om het gedrag van een ander, al dan niet bewust, te veranderen om zijn doelstellingen of waarden te bevorderen. Deze voor managers onvoorspelbare relaties zijn uiterst belangrijk omdat zij de organisatie als geheel kunnen veranderen. Ieder van ons kan dit beamen door zich situaties te herinneren waarin individuen binnen een groep hun gedrag veranderden, waardoor vervolgens ieders resultaten veranderden. Neem het voorbeeld van de sport, waar een verandering van coach kan leiden tot andere resultaten, hoewel het team hetzelfde blijft en elk lid zijn functie behoudt.

Evenzo veranderen bedrijven en dus ook hun behoeften. Natuurlijk blijven de grondbeginselen hetzelfde: er zijn nog steeds familiebedrijven, bedrijven met sterk gestandaardiseerde taken, bedrijven gebaseerd op competenties (waar de kapitaalwinst bijvoorbeeld wordt behaald met intellectuele diensten) en resultaatgerichte bedrijven. De verandering die optreedt, is het resultaat van een combinatie van reeds bestaande modellen en komt tot uiting in steeds meer hybride structuren. Bovendien is er meestal sprake van internationalisering en globalisering. Een supermarkt bijvoorbeeld opereert met een zekere autonomie (elk element van de structuur is een structuur op zich), maar maakt deel uit van een veel grotere organisatie (een nationaal concern in ons voorbeeld) die haar omvat, en is soms ook opgenomen in een nog grotere structuur (internationaal niveau).

In deze context verschijnt het 7S-model:

In de praktijk legt deze voorstelling de nadruk op de interactie tussen de verschillende onderdelen, elk verbonden met de andere, maar met een centrale kern. Deze kern verdient even aandacht. Oorspronkelijk stond de binnenste cirkel voor "buitengewone doelstellingen". Tony Athos (1934-2002), professor aan de Harvard Business School en goede vriend van Robert Waterman (medeoprichter van het model), kwam op het idee deze doelstellingen te veranderen in "gedeelde waarden". Deze bijdrage was niet onbelangrijk: hij veranderde de filosofie van het model door prospectieve elementen (doelstellingen) te vervangen door solide fundamenten (waarden).

De zeven termen zijn het resultaat van uitvoerig beraad en debat, en zijn duidelijk niet willekeurig gekozen.

STRATEGIE

De strategie bepaalt de in te zetten middelen. In dit geval moet de definitie ervan vóór alle andere elementen komen. Het is een vorm van antwoord van een onderneming op haar omgeving: moet zij haar kosten verlagen, in grote hoeveelheden produceren of zich op haar publiek richten? Haar activiteiten uitbreiden of zich specialiseren? Is het agressief tegenover concurrenten of probeert het zich te onderscheiden?

Wij zien dat de strategie zowel cruciaal als potentieel uitdagend is, aangezien zij het resultaat is van de interactie tussen de onderneming en haar omgeving. Het is echter niet nodig overhaast te werk te gaan, want de strategie stuurt de keuzes, met name op het gebied van investeringen, productpositionering of geografische ligging. Daarom kan zij niet plotseling veranderen.

Er zijn drie soorten strategieën:

- kostenleiderschap

- differentiatie (waarde)

- focus (niche).

Een niet of slecht gedefinieerde strategie kan leiden tot moeilijke keuzes, niet te verantwoorden investeringen, het benadrukken van bepaalde vaardigheden ten koste van andere, enz. Dit kan leiden tot een zeker gebrek aan eenheid: de onderneming heeft dan geen specialisatie of bijzonder punt van differentiatie. Omgekeerd leidt een duidelijke strategie tot investeringen en beslissingen die in een bepaalde richting gaan. Als de strategie relevant is, is de missie geslaagd. Zo niet, dan is de kans groot dat de onderneming moeite heeft zich te hervormen.

Om dit te illustreren, keren we terug naar het voorbeeld van de supermarkten: sommige merken onderscheiden zich door hun lage prijzen, terwijl andere bekend staan om de kwaliteit en originaliteit van hun producten. Andere hebben geen bijzondere kenmerken. Dezelfde redenering kan worden toegepast op computers of telefoons: sommige merken proberen zich te onderscheiden, hetzij door hun stijl, hetzij door hun eigen unieke technische specificaties. Zij specialiseren zich dus en richten zich op een bepaald type gebruiker. Andere zijn in concurrentie met verschillende actoren die goed gevestigd zijn op de markt en moeten zich onderscheiden door in te spelen op (eventueel gecombineerde) factoren als prijs of accessoires – toepassingen of andere materiële of immateriële extra's, die de indruk wekken tot een gebruikersgemeenschap te behoren (vandaar de ontwikkeling van functies als community manager). Maar ook al zijn ze bedoeld voor een potentieel groter publiek, ze houden minder klanten vast.

STRUCTUUR

Wanneer bedrijfsmodellen worden ontwikkeld en gewijzigd, wordt de definitie van de structuur zelf gewijzigd. Bovendien moeten de werknemers worden opgeleid, zodat zij de algemene strategie van de onderneming begrijpen en zelf beslissen hoe zij in de structuur passen, d.w.z. hoe en met wie zij zullen samenwerken.

Momenteel wordt de decentralisatie in de industriesector steeds algemener. Verdelingen naar functie en naar product zijn in feite vervangen door andere mogelijke segmentaties aan de hand van criteria zoals landen, regio's, markten, bevolkingsgroepen, producttypen, enz. Bovendien sluiten de divisies elkaar niet noodzakelijk uit (om het voorbeeld van supermarkten te nemen: een merk kan een geografische divisie opzetten met onderverdelingen naar product binnen elke entiteit).

Gezien deze situatie is het des te belangrijker dat de onderneming haar keuzes centraliseert, hoewel de strategie over het algemeen uniek zal zijn voor elke divisie. Zo kan zij globaal optreden en het aan de entiteiten van andere niveaus overlaten om zich op hun eigen grondgebied te ontwikkelen. Wij kunnen dit een tijdelijke structuur noemen, die een relatieve flexibiliteit vertoont, aangezien zij meer politiek of contingent is, d.w.z. zij past zich aan haar omgeving aan.

 **GOED OM TE WETEN.**

Volgens het structuralisme zijn sociale relaties georganiseerd in sociale constructies, zonder dat de betrokkenen dat zelf beseffen. In de geestesweten-schappen verscheen het begrip structuur in Frankrijk in de jaren 1950. Het gaat voor de structuralistische denkers – te weten Émile Benveniste (1902-1976), Clause Lévi-Strauss (1908-2009), Roland Barthes (1915-1980) en Laurice Godelier (geboren in 1934) – om een benadrukking van de organisatie waarin de relatie overheerst.

In de biologie is een van de bijzonderheden van de structuur dat deze zichzelf regelt.

Evenzo past de structuur zich aan aan de gebeurtenis-sen die hij tegenkomt. Het relatieaspect overheerst. Terwijl het begrip "systeem" de reeds bestaande ele-menten voorspelde waartussen verschillende relaties werden gelegd, gaat het structuralisme op de een of andere manier een stap verder: hier zijn de sociale con-structies het resultaat van een reeks abstracte regels en gaat de oorsprong van de structuur op in de werking ervan, zodat elke verstoring spontane aanpassing veroorzaakt.

SYSTEMEN

Dit begrip verwijst naar de procedures en handelingen die het dagelijks leven van een onderneming uitmaken. In zekere zin gaat het om het volgen of volgen: begro-tingssystemen, toezicht op de naleving van interne pro-cedures, wettelijke controle, enz. Een strategie die geen rekening houdt met deze procedures is gedoemd te mislukken, ongeacht de relevantie ervan, omdat zij voorbijgaat aan de feitelijke werking van het bedrijf. Ook als u besluit de werking van een bedrijf te wijzigen of gewoon te analyseren, mag u de procedures en de follow-up van bepaalde aspecten niet verwaarlozen.

PERSONEEL

Het begrip personeel verwijst naar het team, in ruime zin: het omvat in feite de vaardigheden, kennis, opleidingsprogramma's, motivatie, gedrag, lonen, hiërarchie, evaluatie en bevordering van individuen. In werkelijkheid verwijst het naar het personeelsbeheer in zijn geheel.

STIJL

Dit kenmerk, vergelijkbaar met dat van het personeel, berust op een onderscheid in niveaus, aangezien het betekent dat het gedrag van de topmanagers wordt belicht. Dit onderscheid tussen managers en personeel kan betreurenswaardig zijn, omdat het hen scheidt, hoewel het noodzakelijk is de mogelijke impact van een veranderende leider op een groep te erkennen. Sommigen zullen tegenwerpen dat het belang van stijl niet alleen van leiders komt. Er zijn verschillende voorbeelden die dit aantonen: in een sportteam kan een speler een sterkere persoonlijkheid of een duidelijkere stijl hebben dan de coach. Ook in de filmwereld kan een secundaire rol meer impact hebben dan een hoofdrol. Maar gebruikt een regisseur zijn expertise niet om deze personages zich te laten uitdrukken? En hoe zit het met machtsspelletjes in de politiek?

GOED OM TE WETEN: TOPMANAGEMENT EN TOPMANAGERS

Topmanagement verwijst naar het hoogste niveau van de uitvoerende functies van een particuliere of openbare onderneming. Topmanagers zijn vaak sterke persoonlijkheden, die in staat zijn hun teams te verenigen en hun visie op de toekomst en de middelen om deze doelstellingen te bereiken met hen te delen. Als zij beslissingen nemen over de strategie en de bedrijfsdoelstellingen, moeten zij daar (theoretisch) ook de verantwoordelijkheid voor nemen: zij zijn de enige die verantwoordelijk zijn voor het succes of de mislukking van hun beleid.

VAARDIGHEDEN

De term "vaardigheden" kan ook verwijzen naar kennis omdat het know-how en interpersoonlijke vaardigheden omvat. Ook hier lijkt het concept op dat van personeel en strategie, maar niet helemaal.

Vaardigheden omvatten:

* specifieke kenmerken van het bedrijf of het merk (de elementen die het bedrijf onderscheiden of moeten onderscheiden van zijn concurrenten);

- vaardigheden van het personeel: het bedrijf zoekt werknemers met houdingen en vaardigheden die de waarden van het bedrijf kunnen uitdragen en versterken.

Dit concept houdt dus in dat het verband wordt benadrukt tussen de kwaliteiten van de betrokken personen en die van de structuur waarin zij werken en tot de ontwikkeling waarvan zij bijdragen.

GEDEELDE WAARDEN

Gedeelde waarden vormen de kern van het model. Een van de punten van kritiek op het structuralisme is de onachtzaamheid ten opzichte van werknemers, die in zekere zin gewoon als contingenties van de structuur worden beschouwd. In reactie hierop hebben verschillende sociologen, onder leiding van Pierre Bourdieu (1930-2002), geprobeerd de werknemers te herwaarderen, niet in die mate dat zij vrij kunnen zijn van de structuren, maar door de reikwijdte van hun ervaring en prestaties te beschouwen als een integraal onderdeel van de realiteit van de structuur.

Zeker, niet iedereen heeft het geluk de baan of de situatie van zijn keuze te hebben. Toch moet er een minimum aan gedeelde waarden zijn, of dat nu de kwaliteit van de dienst of het product is, of zelfs de inzet van het bedrijf voor een bepaald doel. Stel je voor dat je in een winkel werkt waar je op dinsdag al het werk van maandag ongedaan maakt. Zolang je de zinloosheid van je werk negeert, is de kans groot dat je door kunt gaan, met wisselende motivatie, mogelijk zelfs met doelen op het gebied van productiviteit of kwaliteit. Aan de andere kant, wat als je je bewust wordt van de volslagen absurditeit van wat er van je gevraagd wordt? Zou u doorgaan? Hoe lang nog? Onder welke voorwaarden? Op dezelfde manier hebben we het gehad over strategie en management: een verandering op dit niveau kan leiden tot ontevredenheid bij het personeel (stakingen, verhoogd absenteïsme, lagere productiviteit, verminderde kwaliteit van het werk, vertrek van werknemers die die mogelijkheid hebben, enz.) Iedereen die dit leest zal voorbeelden kunnen bedenken, in het heden of in het verleden, die illustreren hoe waarden die niet langer algemeen gedeeld worden, spanningen of verdeeldheid veroorzaken.

Het gaat hier vooral om het verband tussen de waarden van een bedrijf (uitgedragen door een reeks individuen) en de waarden van bedrijven (of ondernemingen) als commerciële of ledenorganisaties. We zouden kunnen spreken van ondernemingen (met een kleine letter "c") en bedrijven (met een hoofdletter "C"), waarbij de waarden van de eerste in feite een variant zijn van de waarden van de tweede, in relatie waarmee ze zinvol moeten zijn.

CONCLUSIE

Aangezien alle onderdelen van het model met elkaar verbonden zijn, heeft een verandering van een ervan een direct effect op alle andere. Dit kader moet dus altijd als dynamisch worden beschouwd. De illustratie ervan, in de vorm van een atoom, stelt de gebruiker in staat het model toe te passen vanaf een willekeurig element, afhankelijk van de beschikbare informatie en de positie van de gebruiker.

Kortom, na een analyse van het McKinsey 7S-raamwerk is het mogelijk een algemeen beeld te krijgen van de basis van een bedrijf of organisatie.

BEPERKINGEN EN UITBREIDINGEN

BEPERKINGEN EN KRITIEK

Volgens het basisartikel van het McKinsey 7S kader, *Structure is not Organization* (1980), verwijzend naar de Belgische surrealistische schilder René Magritte (1898-1967), is de voorstelling van iets niet het ding zelf. Bij uitbreiding is deze schematische voorstelling van een organisatie, hoe praktisch en doordacht ook, niet de organisatie zelf. Het McKinsey 7S kader is dus niet anders dan alle andere, de steen der wijzen voor zakelijk succes. Aangezien het echter subjectieve informatie integreert (opgenomen in de gedeelde waarden, het team, de vaardigheden, enz.), menen wij dat dit model zich beter dan andere kan aanpassen aan het specifieke geval van elke onderneming, aangezien het de specifieke parameter "bedrijfscultuur" kan integreren. Het topmanagement, dat aandacht verdient met zijn eigen component (stijl), kan oververtegenwoordigd zijn omdat het tot op zekere hoogte ook onder "personeel" kan vallen.

Volgens de actionistische opzet, die het belang van menselijke relaties benadrukt, is de organisatietheorie, waarin het 7S-kader zich bevindt, slechts een onderdeel van de actionistische theorie, zoals ontwikkeld door sociologen als Max Webster (1864-1920) in Duitsland, Talcott Parsons (1902-1979) in de VS of Michael Crozier

(1922-2013) en Erhard Friedberg (geboren in 1942) in Frankrijk.

 ## GOED OM TE WETEN: ACTIETHEORIE

Volgens deze theorie wordt elke sociale constructie begrepen door de handelingen van de betrokken personen. Machtsrelaties worden onderscheiden van zuivere overheersingsrelaties: de macht van een individu is zijn vermogen om anderen te beïnvloeden. Natuurlijk is dit vermogen ongelijk, maar het kan gebieden van onzekerheid, en dus macht, genereren zonder af te wijken van de vastgestelde regels (dus binnen het systeem van actie blijven, d.w.z. in het spel).

VERWANTE MODELLEN

Gezien het succes van schematische raamwerken, eisen sommigen bestaande modellen op om ze aan te passen aan hun eigen bedrijf. In presentaties van managers komen kaders als 7S regelmatig voor. In management, flowcharts – diagrammen die activiteit als een geheel tonen – en processheets laten soortgelijke redeneringen zien.

Ook zijn steeds meer modellen van plan op klank te spelen, door alliteratie of vragen (wie, wanneer, hoe, hoeveel) te gebruiken om memorabel te zijn.

Volgens ons gaat het er in het McKinsey 7S-kader om de onderlinge verbanden tussen de verschillende concepten nauwkeurig weer te geven, en het belang van menselijke relaties in aanmerking te nemen – dat belet in de praktijk niet dat iedereen dat op zijn eigen manier doet. Verwijzen naar een beproefd model betekent niet dat het uniform wordt toegepast.

PRAKTISCHE TOEPASSING

ADVIES EN TIPS

Wat betekent het concreet als je in het kader van een project besluit de 7S van een bedrijf te creëren of te hervormen?

Waar moet ik beginnen?

Geval 1: Een bedrijf starten

Als ik morgen een bedrijf zou oprichten, zou ik waarschijnlijk voor een intellectuele benadering kiezen. In een 'meta'-positie, waarin ik zowel een actor als een externe waarnemer ben, zou ik mijn strategie bepalen door eerst de volgende vragen te stellen:

- Wat is mijn product?

- Wat is mijn positie ten opzichte van mijn (potentiële) concurrenten?

Theoretisch zouden dan waarschijnlijk vragen over waarden opkomen, gevolgd door de andere onderdelen van het model. In de praktijk is het echter duidelijk dat we niet altijd de mogelijkheid hebben om op deze manier te werk te gaan.

Geval 2: Een bestaand bedrijf

In een bestaande structuur lijkt het relevanter om uit te gaan van de kern van het atoom, namelijk de waarden. Deze vormen immers de kleinste gemene deler van de leden van de onderneming. Een bezinning over de gedeelde waarden zal dus in de eerste plaats duidelijk maken wat door de werknemers wordt gedeeld. Uiteraard kan het beantwoorden van de vraag naar de waarden en de beslissing om de inhoud ervan gedeeltelijk te wijzigen de strategie beïnvloeden, evenals al het andere. Bijvoorbeeld: moeten we een dienst handhaven die niet rendabel is? Spontaan zou men geneigd kunnen zijn ontkennend te antwoorden. Maar in het geval van een medische dienst of een vervoersdienst krijgt deze vraag een andere betekenis.

Uitvoering van het project

Voor het opzetten van een project voor een verandering in een bestaande structuur is een dialoog met de werknemers een eerste vereiste. Omgekeerd handelen, een soort "top-down" benadering, komt erop neer dat men ondanks zichzelf het goede wil doen voor de mensen. Totalitaire regimes hebben keer op keer aangetoond dat dit systeem niet werkt. Zelfs als de gewenste verandering relevant is, kan de methode die wordt gebruikt om die te bewerkstelligen tot mislukken gedoemd zijn.

Nu we het bedrijf wat beter kennen, moeten we de juiste vragen stellen om ons project uit te voeren:

- Wat zijn de verschillende stappen?

- Welke financiële middelen en middelen (personeel en vaardigheden) zijn daarvoor nodig?

- Wat is er speciaal aan de structuur?

- Wat onderscheidt het van zijn concurrenten?

- Hoe beïnvloedt het degenen die ermee omgaan?

Door deze vragen te beantwoorden, bepalen of herdefiniëren wij de stijl van de onderneming, die rechtstreeks verband houdt met haar waarden. De strategie kan op haar beurt niet worden bepaald zonder rekening te houden met waarden, vaardigheden en de omgeving (concurrentie) waarin zij zich zal ontwikkelen.

Evaluatie van het project

Voor de evaluatie van het project is het van essentieel belang het systeem (toezicht en procedures) te analyseren om een volledig overzicht te krijgen van het hele bedrijf, met zijn kwaliteiten en gebreken.

Reflectie op de 7S-criteria leidt onvermijdelijk tot handhaving of wijziging van de structuur die een kader biedt voor de actie.

De gestelde vragen en de gegeven antwoorden illustreren de onderlinge samenhang van verschillende concepten in het McKinsey 7S-kader. Als we uiteindelijk vaststellen dat alle elementen in aanmerking werden genomen, kan het soms ingewikkeld lijken om precies aan te geven wat onder het ene of het andere element valt. Het belangrijkste is te onthouden dat geen enkel aspect van het model mag worden verwaarloosd.

PRAKTIJKVOORBEELD

We zullen nu kijken naar onderneming X, een speler in de publieke sector en dus een overheidsbedrijf. Verschillende externe rapporten wijzen op grote beheersproblemen, waarvan de belangrijkste indicatoren zijn:

* een vermindering van de liquide middelen;

* gebrekkig personeelsbeheer, in die zin dat het aantal werknemers gedurende verscheidene jaren voortdurend is toegenomen voor een onveranderde dienst;

* loonlijst gelijk aan 50% van de omzet.

X, een overheidsbedrijf, is onderworpen aan een zekere controle en moet verantwoording afleggen over de zaken in haar beheer die vragen oproepen. Dit leidt tot spanningen tussen de onderneming en haar bestuurlijk toezicht. Tegelijkertijd heeft de onderneming intern te maken met een wisseling van de voorzitter van de Raad van Bestuur (RvB).

In een poging om het bestuurlijk toezicht gerust te stellen, en misschien ook wat los te maken, besluit de RvB, onder leiding van de nieuwe voorzitter, een externe adviseur in te schakelen om een uitgebreide analyse van de situatie te maken.

De consultant (aangesteld door de publieke sector) kent het McKinsey 7S kader goed.

- Hij begint met een snelle eerste analyse van de situatie, voornamelijk financieel: inkomsten en ontwikkeling van de resultaten in de afgelopen jaren, analyse van de belangrijkste kostenposten, bruto-exploitatiemassa, enz. Zijn bevindingen komen niet alleen overeen met die van het administratief toezicht, maar versterken deze door aanzienlijk strengere resultaten te presenteren.

- Zodra deze eerste "officiële" waarneming is gedaan, want voor de realisatie van een hoofdzakelijk financieel verslag is niet specifiek aanwezigheid op het terrein vereist, werkt hij in het bedrijf en houdt hij workshops met de topmanagers. Dit levert een reeks nieuwe bevindingen op, die de tekortkomingen in de organisatie en de logistiek, de interne spanningen, de competentieproblemen, enz. aan het licht brengen.

- Zodra de adviseur de opdrachten en doelstellingen van het bedrijf goed begrijpt, is het zijn taak concrete aanbevelingen te doen. De voorgestelde oplossingen zijn het resultaat van de workshops, die dus in overleg of in partnerschap met de werknemers van het bedrijf worden uitgevoerd.

- Zo zal X grondig worden gereorganiseerd: hoewel het onvermijdelijke vertrek van een aanzienlijk deel van het personeel (een derde van de werknemers) door ontslag of vervroegde pensionering sociaal gezien veel te verduren heeft, zal het geen staking veroorzaken.

Door de aanpak van de consultant te observeren, beseffen we dat hij zijn beschouwingen begint vanuit de kern van het 7S-raamwerk. Hij kijkt eerst naar de waarden die de werknemers delen bij de uitvoering van hun werk. Vervolgens richt hij zich op het personeel en hun kwaliteiten en gebreken. De problemen worden geanalyseerd in het licht van discrepanties tussen het systeem (zoals procedures) en het personeel. Hieruit blijkt bijvoorbeeld dat sommige opdrachten niet duidelijk zijn omschreven of gedeeltelijk dubbel worden uitgevoerd, en dat velen de instrumenten of vaardigheden missen om de hun toegewezen taken uit te voeren.

Door de interne procedures te verduidelijken, werkt de consultant aan het systeem, maar tegelijkertijd ook aan competenties.

Hij is zich ook bewust van een aantal spanningen, die verband houden met verschillende persoonlijkheden, maar ook met externe politieke factoren. Zoals gezegd is het aantal werknemers sterk en snel gestegen, zonder dat de dienstverlening is veranderd. Door de politisering van de RvB (een overheidsbedrijf) lijken sommige werknemers minder "legitiem" dan andere. In deze specifieke situatie werkt de adviseur met twee pas gearriveerde leidinggevenden die relatief weinig last hebben van deze legitimiteitskwesties: de financieel directeur en de voorzitter van de RvB.

Ondanks de werkdynamiek en zelfs tot op zekere hoogte daardoor ontstaan er spanningen en verdeeldheid tussen sommige werknemers, waaronder de directeur van het bedrijf zelf. De directeur voelt een verlies aan legitimiteit, waarbij een aantal van zijn beslissingen en handelingen in twijfel worden getrokken. Ondertussen is ook de voorzitter betrokken: hij fungeert als interface tussen de werknemers en de RvB en levert belangrijk werk dat leidt tot een revitalisering van de hele RvB, met betere informatie en een grotere betrokkenheid van de leden. Uit deze spanningen blijkt dat de adviseur, door aan het systeem te werken, de structuur heeft opgeschud. Het "veldwerk" heeft de structuur gedwongen zich aan te passen aan een onvermijdelijke en belangrijke reorganisatie.

Onder leiding van de nieuwe managers, volgens de aanbevelingen van de consultant en met de steun van de meeste lagere werknemers, kunnen de managers – de RvB – de strategie van het bedrijf opnieuw bepalen. Zeker, de opdrachten worden bepaald door een organisch kader, maar de wijze van handelen is aan hen. In dit geval is de strategie als volgt:

- het aanpassen van de methode;

- vaststelling van doelstellingen in overeenstemming met de missie van de onderneming en de waarden die daaraan ten grondslag liggen. Aangezien het een openbare dienstverlener is en zich niet op de markt heeft gepositioneerd ten opzichte van particuliere actoren, is het strategische aspect beperkter.

Wat de stijl betreft, is de verandering van voorzitter een bepalende factor: een zekere dynamiek en een nieuwe betrokkenheid animeren nu dit beheersorgaan. De directeur, die vanwege tekortkomingen die in verschillende rapporten aan de orde waren gesteld, op de korrel werd genomen en niet heeft deelgenomen aan de werkzaamheden van de adviseur, is geïsoleerd. In de steek gelaten door zijn raad van bestuur, heeft hij ervoor gekozen het bedrijf te verlaten in het kader van een vervroegd pensioen en de financieel directeur heeft hem onmiddellijk vervangen. In zekere zin is de cirkel rond, aangezien de financieel directeur en de president de twee belangrijkste personen waren die met de adviseur te maken hadden.

Vergeet niet dat de reorganisatie van bedrijf X werd voltooid zonder sociale conflicten (met name zonder stakingen). Vandaag is het sociale klimaat aanzienlijk beter dan vroeger. Het verloopt harmonieuzer dankzij de herdefiniëring van de taken en diensten. Sommige details moeten echter nog worden geregeld, zoals het feit dat bepaalde vaardigheden intern nog ontbreken. Daar zijn verschillende redenen voor:

- Ten eerste is het huidige personeel over het algemeen ondergekwalificeerd.

- Ten tweede is het vanuit regelgevend oogpunt, omdat een onderneming die een ingrijpende herstructurering doorvoert de komende drie jaar geen nieuw personeel kan aannemen, noodzakelijk te bepalen hoeveel werknemers nodig zijn om de activiteiten en het niveau van dienstverlening van de onderneming voort te zetten. Deze aanpak houdt in dat het gewenste aantal vertrekkende werknemers wordt berekend om een klein team te vormen, zonder dat alle vereiste vaardigheden aanwezig hoeven te zijn.

Tenslotte benadrukken wij het feit dat de adviseur zijn reflectie begon vanuit het centrum van het 7S-atoom (gedeelde waarden), d.w.z. vanuit wat alle werknemers gemeen hebben. Daarna "reisde" hij door het kader, hetgeen volkomen aanvaardbaar is. De onderlinge verbondenheid van de componenten en het ontbreken van hiërarchie vormen volgens ons een van de belangrijkste sterke punten van het model.

SAMENVATTING

- Het McKinsey 7S-kader is een organisatorisch diagnosemodel dat in het management wordt gebruikt, met name bij de uitvoering van nieuwe projecten of veranderingen die binnen een onderneming moeten worden doorgevoerd. Het succes ervan vloeit voort uit het feit dat het de mogelijkheid biedt een interessante reeks parameters in overweging te nemen, en de nadruk legt op hun onderlinge samenhang.

- Dit model verschijnt in de jaren tachtig en is het resultaat van veranderingen in de sociale wetenschap (structuralisme en versterking van de sociale relaties) en de economie (wijziging van de commerciele en bedrijfsstructuren die leiden tot hybridisering en internationalisering van bedrijven).

- De theoretici van het McKinsey 7S-raamwerk zijn Robert Waterman, Thomas Peters en Julien Philips.

- Dit model heeft het voordeel dat het rekening houdt met de interacties tussen de verschillende aspecten waaruit een organisatie bestaat. Bovendien wordt de nadruk gelegd op menselijke relaties en het kwalitatieve aspect.

- Dit model wordt echter, zoals alle andere, nog steeds beschouwd als een instrument en niet als een doel op zich. Bovendien geeft het, gezien het belang dat het hecht aan menselijke relaties, gedeelde waarden en beheer, voorrang aan subjectieve criteria of kwalitatieve gegevens. Daarom geven sommigen de voorkeur aan benaderingen die meer gericht zijn op economische en kwantificeerbare gegevens.

VERDER LEZEN

BIBLIOGRAFIE

Bajoit, G. (1992) *Pour une sociologie relationnelle*. Parijs: PUF.

Bourdieu, P. (1979) *La Distinction – critique sociale du jugement*. Parijs: Éditions de Minuit.

Bourdieu, P. (2002) *Questions de sociologie*. Parijs: Éditions de Minuit.

Crozier, M. en Friedberg, E. (1977) *L'Acteur et le Système*. Parijs: Seuil.

Desveaux, E. (2008) *Au-delà du structuralisme. Zes méditaties over Claude Lévi-Strauss*. Parijs: Complexe.

Lévi-Strauss, C. (2003) *Anthropologie structurale*. Parijs: Pocket.

De website van Tom Peters: http://tompeters.com/

Waterman, R. H., Peters, T. J. en Philips, J. R. (1980) Structure is not Organization. *Business Horizons*. 23(3), pp. 14-26.

We horen graag van u! Laat
een reactie achter op jouw online bibliotheek
en deel je favoriete boeken op social media!

IMPROVE YOUR GENERAL KNOWLEDGE

IN THE BLINK OF AN EYE!

www.50minutes.com

Master ISBN: 9782808063807
Papier ISBN: 9782808064095
Wettelijk depot: D/2022/12603/54

Digitaal ontwerp: Primento,
de digitale partner van uitgevers.